SUPREMACÍA

Cómo Posicionarte Como El Número 1 de Tu Industria sin Necesidad de Ser El Primero Ni el Mejor

Helio Laguna

Título: Supremacía

© 2017, Helio Laguna

© De los textos: Helio Laguna

Ilustración de portada: Francisco R. Trejo

Revisión de estilo: www.escritoyhecho.com

1ª edición

Todos los Derechos Reservados.

¡¡IMPORTANTE!!

No tienes los derechos de Reproducción o Reventa de este Producto.

Este libro tiene Todos los Derechos Reservados.

Antes de venderlo, publicarlo en parte o en su totalidad, modificarlo o distribuirlo de cualquier forma, te recomiendo que consultes al autor, es la manera más sencilla de evitarte sorpresas desagradables que a nadie gustan.

El autor no puede garantizarte que los resultados obtenidos por él mismo al aplicar las técnicas aquí descritas, vayan a ser los tuyos.

Básicamente por dos motivos:

- Solamente tú sabes qué porcentaje de implicación aplicarás para implementar lo aprendido (a más implementación, más resultados).
- Aunque apliques en la misma medida que él, tampoco es garantía de obtención de las mismas ganancias, ya que incluso podrías obtener más, dependiendo de tus habilidades para desarrollar nuevas técnicas a partir de las aquí descritas.

Aunque todas las precauciones se han tomado para verificar la exactitud de la información contenida en el presente documento, el autor y el editor no asumen ninguna responsabilidad por cualquier error u omisión.

No se asume responsabilidad por daños que puedan resultar del uso de la información que contiene.

Así pues, buen trabajo y mejores Éxitos.

TABLA DE CONTENIDOS

Introducción..11
Capítulo I. Cómo Lograr La Supremacía En Tu Industria 15
Capítulo II. Qué Es La Supremacía......................................21
Capítulo III. Permanece En La Mente De Las Personas 25
Capítulo IV. Sé Diferente...29
Capítulo V. Mi Estrategia 31
Conclusión 45
Sobre El Autor...49

"Cada vez que empiezo leer un libro lo primero que veo son los créditos, los reconocimientos de personas que no conozco, las historias del por qué o cómo de ese libro.

Y en numerosas ocasiones he dejado de leer porque pasan 100 páginas antes de que pueda entrar al tema por el cual compré el libro.

Aquí no va a ser así, aquí vamos a ir directamente al grano."

Helio Laguna

INTRODUCCIÓN

Hola, te saluda Helio Laguna y quiero darte la bienvenida a este libro donde vas a descubrir cuáles son las maquinas disruptivas y la estrategia exacta para posicionarte como el número uno, como Originador.

¿Qué eso de ser un Originador?

Un Originador es alguien que crea algo nuevo, que se sale del molde.

Hay muchas personas que certifican personas, ¿y qué es lo que pasa?

Que todas estas personas certificadas dan el mismo mensaje, repiten lo mismo. Entonces cuando hablan suena a un salón con 100 personas dando el mismo mensaje.

Lo que tienes que hacer es diferenciarte del resto de las personas y para eso son estas máquinas.

Verne Harnish dice: *"Quien domina la tinta del mercado, domina el mercado."*

¿A qué se refiere con esto de la tinta del mercado?

A lo que se refiere es que, como Originador, tú tienes que llevar la voz de tu industria.

Se refiere a que tienes que escribir, por ejemplo, el libro de tu industria, tienes que escribir la revista de tu industria, el periódico de tu industria, tienes que ser la voz mandante en tu industria y representarla en la radio o la televisión, si es posible.

Tienes que copar todos los espacios y hacer todo lo que tengas que hacer para ser la voz mandante en tu industria, que seas el que más aparece en los medios en comparación a tu competencia.

Y te hablo de medios tradicionales, escribir un libro, una revista, escribir en el periódico, salir en la radio, en la televisión, en cualquier lado.

Pero debes incluir también los medios digitales.

De lo que se trata es de que tú seas el que aparezca por todos lados y que hablen de ti; obviamente vas a aparecer por todos lados y no van a hablar de otra persona.

Las personas que poseen certificaciones lo único que realmente hacen es hablar de la empresa de la que obtuvieron el certificado. Pero ¿quién se hace más poderoso con esto? La empresa que los certificó, obviamente.

¿Cómo piensas obtener grandes resultados si apareces en todos lados y no hablas de ti, sino que hablas de la empresa que te certificó?

El punto está en beneficiarte a ti mismo, o si quieres mantener el equilibrio, podéis beneficiaros ambos.

Si hablas de tu mentor en lugar de hablar de ti mismo, estás posicionándolo a él en vez de a ti.

Entonces tienes que hablar sobre tu experiencia, más que lo que otras personas hablan sobre sí mismas.

No tengas miedo de hablar sobre ti, deja que ese miedo domine a otras personas y no hablen de ellos.

Que hablen de la empresa que los certificó, de su mentor, que sean ellos los que construyan la reputación de alguien más.

Enfócate en construir tu propia imagen, tu propia reputación.

Si logras hablar más sobre ti de lo que otros hablan sobre sí mismos o si logras ser lo suficientemente disruptivo para que hablen más de ti que de los demás, tú dominarás el mercado.

De eso se trata, la persona de la que más se hable es la que dominará el mercado.

En la política hay una regla máxima que a muchos no les gusta: que se hable de la persona, bien o mal, pero que se hable de ella.

Puedes evitar que se hable mal de ti y favorecer lo que se dice; así que, en cada momento que te toque hablar, debes hablar de ti y debes tener un mensaje poderoso que repetir una y otra vez en todos los medios.

Así tu mensaje va a destacar.

Tienes que hablar sobre ti, tienes que hacer que la gente especule, ya que de la persona que se hable más es la persona que va a ganar, es la persona que va a dominar el mercado.

Y si no hablan de ti, hablarán de tu competencia y será tu competencia quien domine el mercado y no tú.

Así que, la verdadera pregunta es: ¿sobre quién quieres que se hable? ¿De ti o de tu competencia?

Ojo, he dicho que de la persona de la que más se hable va a ser la que destaque, no de la persona que más grite.

No se trata de gritar, sino de tener un mensaje bien preparado que capte la atención del público. Si lo logras, vas a dominar el mercado.

Otra pregunta que tengo que hacerte es, ¿a quién quieres como la voz de tu industria?

El que tenga la voz de su industria es el que gana, es el número uno y la persona que todos buscan.

CAPÍTULO I.

CÓMO LOGRAR LA SUPREMACÍA EN TU INDUSTRIA

¿Cómo podrías hablar tú en tu mercado?

¿Y cómo hacer que se hable de ti en tu mercado?

Si logras responder estas dos preguntas, vas a ganar.

Estamos hablando de que tú seas el referente en tu área de industria, en que tú logres la supremacía en ella.

Hay una foto en la que aparece un hombre en bermudas y sandalias, pero está moviendo masas (en la foto se ven alrededor de 5.000 personas).

Esta persona es Tony Robbins. Las personas lo reconocen porque es quien tiene la supremacía en su industria.

Lo podemos reconocer a distancia, lo podemos reconocer escondido o en la calle.

Lo mismo sucede con Donald Trump, y no porque ahora es presidente; sino porque antes de ser presidente, lo podíamos reconocer en todos lados.

Robert Kiyosaki, ¿quién no conoce a Robert Kiyosaki?

Parece un camaleón, va cambiando de imagen, ninguna foto de él es igual y sin embargo, lo reconocemos en todos lados.

Son los que tienen la supremacía en sus industrias o mercados porque, a diferencia de lo que se piensa, los que tienen la supremacía en su industria no son los mejores, ni los primeros.

En este contexto, aplican esos dichos que dicen que *"El primero que pega, gana"* o *"El primero en llegar, gana"*.

Ahí tienes a Tony Robbins, el número uno en la industria de la superación personal.

Él utiliza estrategias de PNL para trabajar de manera masiva con 5.000 personas y para eso tiene un staff de entre 250 y 500 personas, para trabajar 10.000 a 15.000 personas o con el número de personas que sea.

Pues bien, Tony Robbins utiliza PNL, trabaja con las personas con PNL; así que lo más normal y lo que todos pueden imaginar es que Tony Robbins inventó la PNL ¿cierto?

Absolutamente no, Tony Robbins no inventó la PNL.

Fueron Richard Bandler y John Grinder quienes inventaron la PNL, no fue Tony Robbins.

Ellos inventaron la PNL y ellos, de su propia boca, han dicho que Tony Robbins prostituyó la PNL y es el peor exponente de PNL.

¿Afecta en algo que personas con un bajo perfil inventaron un sistema extraordinario?

Son unos Originadores a medias, inventaron un sistema extraordinario, pero no fueron disruptivos en ese sistema como lo fue Tony Robbins.

¿Afecta en el algo que los creadores digan que Tony Robbins es el peor exponente de la PNL, que la prostituyó y que no quieren saber nada de él?

¿Le afecta en algo a Tony Robbins?

Absolutamente no.

Muy pocas personas escuchan, desgraciadamente, a estas personas, ya que no son personas de reflectores porque no son personas disruptivas.

Tony Robbins se acercó a ellos para estudiar, se puso al servicio de ellos, les cargó las maletas, se puso a trabajar gratis con ellos para aprender la PNL, aprendió la PNL desde el principio y para él fue increíble el descubrir los poderes que esta tiene.

Un programa de televisión les hizo un desafío a los creadores de la PNL y les dijo: *"Bueno, si este sistema del que ustedes hablan es tan poderoso, ¿por qué no lo presentan en televisión nacional?"*.

Fíjate lo disruptivo que iba a ser eso, era la oportunidad de exponer el poder de la PNL, de presentarlo en televisión nacional.

La propuesta fue la siguiente: *"Vamos a invitar a un psicólogo, a un terapeuta, a un doctor, a un psiquiatra y van ustedes que saben PNL y dicen que con PNL pueden lograr todo y vamos a quitar la fobia de alguien frente a las cámaras, en televisión nacional"*.

La aracnofobia fue la fobia elegida y ellos decidieron no ir, no aceptaron el reto a pesar de que sabían a ciencia cierta que lo podían ganar.

Sin embargo, la persona que a escondidas de ellos aceptó el reto, dijo: *"Yo sí voy, yo soy estudiante, lléveme"*.

Fue a televisión nacional, cumplió con el reto, curó a la persona de su fobia a las arañas y fue el que obtuvo todo el reconocimiento. Fue el disruptivo desde sus inicios.

Jamás se pensó que John Grinder fuese el que inventó la PNL, se pensaba que Tony Robbins la había inventado por ser él el disruptivo.

La PNL la querían usar para tratar personas uno a uno, como si fueran consultas de doctor y Tony Robbins dijo: *"¿Por qué no utilizamos este poder de la PNL para salvar a miles de personas, a millones de personas? Vamos a llevarlo alrededor del mundo"*.

Sus mentores le decían: *"No, Tony Robbins. Todavía no estás certificado, tienes que usar todo el programa, son seis meses y después otro nivel, son tantos meses y después otro nivel, son tantos meses y después otro nivel, son tantos meses..."*.

A esto, Tonny Robbins respondió: *"Al diablo con todo ese proceso, ya con lo que me enseñaron sirve. No necesito el título, no necesito nada. Lo que necesito es ayudar a las personas"*.

Esa noche salió del hotel, se olvidó de ellos y fue al bar más cercano que encontró e inmediatamente comenzó a ayudar a las personas.

Eran personas que estaban ahí, en el bar y comenzó a ayudarlos, a curarlos y no necesitó acabar la certificación con ellos. Comenzó a ayudar a las personas de manera masiva.

Él dijo: *"Yo puedo ayudar de manera masiva a las personas con estas estrategias"*. Aunque ellos le prohibieron hacer eso, él lo hizo. Y ahí está la disrupción.

Esa imagen que mencioné sobre Tony Robins dice más sobre disrupción que lo que yo te pueda decir.

En ella encontramos 5.000 o quizá 15.000 personas frente a él y cada una pagó 15.000 dólares por estar en las primeras filas y las personas que al final pagaron 2.000 dólares por estar ahí.

Tanto a la persona que está delante como la persona que está atrás, a los 5.000, 10.000 o 15.000 personas que haya en esa sala, les hace reír, cantar, llorar... Les da el resultado (cualquiera que este sea).

¿Cuál es su estrategia?

Tiene un staff, tiene un sistema de inteligencia, tiene un staff filtrado entre las personas, un equipo de trabajo gigantesco y desde que la persona se matricula están recopilando información.

Les preguntan: *"¿Por qué vas a ir?"*.

"Pues, porque he querido suicidarme. He tenido intentos de suicidio".

Están ahí, corroboran la información, hablan con ellos, hacen grupos y reuniones donde están las personas que tienen ese problema de suicidio o donde están las personas que tienen problema de adicciones, las personas que tienen tal o cual problema, el staff las identifica y las agrupa.

El día de su aparición en vivo. Tony les muestra con el caso más grave, más representativo o el caso que pueda servir mejor para su objetivo y les dice: *"Todas las personas que tengan este problema, estoy trabajando con todos a la vez. No le doy más atención a Juanito que a otro, estoy trabajando con todos a la vez".*

Y el staff hace lo mismo, recapitula las lecciones y trabaja de manera individual con las personas hasta darles el resultado y por resultados tú puedes cobrar lo que sea.

¿Ya viste cómo fue disruptivo Tony Robbins?

De Donald Trump mejor ni hablamos, ya que es una persona que es el vivo ejemplo de la disrupción, es la disrupción en vida.

Pero ¿cómo fue disruptivo Robert Kiyosaki?

¿Cuál fue su frase preferida?

"Tu casa no es un activo".

Mientras las masas de asesores financieros dicen que tu casa es un activo, su mensaje disruptivo fue decir todo lo contrario al resto de los mensajes: "

Tu casa no es un activo, tu casa es justo lo contrario, es un pasivo. Tu casa saca dinero de tu bolsillo".

Aún hay personas que no concuerdan con esto; pero analizando su punto de vista, tienen toda la razón al pensar así.

Aún existen personas que no concuerdan con esto, tiene personas que de manera profesional lo atacan, que de manera profesional escriben libros atacándolo, que tienen sitios web y foros donde le atacan. Esto son consecuencias de la disrupción.

Tienes que estar preparado para eso y tienes que aceptarlo; si quieres ser aceptado tienes que escuchar también las consecuencias de lo que vas a hacer.

CAPÍTULO II.

QUÉ ES LA SUPREMACÍA

La supremacía es el lugar al que todos quieren llegar, donde todos quieren trabajar contigo sin importar el costo o lo que harán, porque eres la única opción disponible.

Robert Kiyosaki tiene eventos de 5.000 dólares, donde las personas asisten al evento solo para leer un libro.

¿Qué hacen las personas en el evento que dura dos días?

Leen un libro. Es como un taller de lectura, con la excepción de que las personas pagan con gusto 5.000 dólares porque es Robert Kiyosaki.

Tony Robbins tiene un Coaching que vale nada más y nada menos que un millón de dólares. ¡Un millón de dólares para ser asesorado en persona por Tony Robbins!

Y si piensas que puso ese precio exagerado para no tener que dar Coaching, tiene una lista de espera de tres años.

Donald Trump (antes de ser presidente) vio una gráfica de quiénes son los Coach más cotizados.

Donald Trump, quien para ir a dar una conferencia cobraba (antes de ser presidente, me imagino que ahora se duplica o se triplica esa cantidad) un millón de dólares.

¿Cómo es posible que las personas le paguen lo que sea?

¿Habrá otros Coach de PNL mejores que Tony Robbins?

Seguramente que a montones.

Posiblemente las personas que fueron disciplinadas por John Grinder. A quellos que acabaron la certificación, quienes lo hacen de manera científica y profesional y no el espectáculo que hace Tony Robbins, definitivamente son mejores que él, pero si los creadores dicen que este es el peor exponente de PNL, ¿por qué no le pagan un millón de dólares a los mejores? ¿Por qué no buscan a John Grinder y le ofrecen un millón de dólares?

Porque tiene la supremacía, es la única opción disponible y no quieres saber de nadie más.

Eso sucede con las personas y con las industrias. Estamos en la era del monopolio donde es una persona, entidad o empresa domina no solo el mercado, sino el mundo. Imagínate eso.

¿Quién domina ahora el mundo?

Facebook.

¿Quién domina mayormente el mundo de las ventas?

Amazon.

Amazon está haciendo que empresas de venta directa, tiendas departamentales, quiebren y cierren. Que librerías, quiebren y cierren.

Y si Amazon se va por la industria de la televisión, ¿va a superar a Netflix?

Es difícil de imaginar.

A pesar de que quien tiene el monopolio mundial por ahora es Netflix, Amazon va a por todos los monopolios.

Va a por la industria de la música, va a por la industria del vídeo y de las películas, Amazon quiere tener el monopolio.

El plan estratégico de Jeff Bezos es tener el monopolio en casi todo lo que te puedas imaginar, hasta el monopolio de los viajes espaciales.

Estamos en la era de los monopolios y de lo que se trata esto es de que tú seas el monopolio de tu industria, la única opción que esté en la mente de las personas.

Que todos los demás se sientan como una copia barata de ti, que trabajar con el segundo mejor se sienta como un premio de consolación.

Por ejemplo: *"No pude pagarle a Mauricio lo que él cobra y tuve que contratar a esta otra persona, a este Coach de vida. Me siento mal, me siento mal conmigo mismo porque no llegué al precio para contratar a Mauricio".*

De esto se trata.

CAPÍTULO III.

PERMANECE EN LA MENTE DE LAS PERSONAS

Seguramente te estarás ya frotando las manos y preguntando cómo vas a obtener el monopolio de tu industria.

La respuesta es siendo disruptivo, no siendo uno más en las masas, sino siendo totalmente disruptivo.

El propósito es estar presente en la mente de las personas, quien lo logra, gana.

Hay algo muy común en la industria de los negocios por Internet y es que las personas van y vienen.

Por ejemplo, un Marketero de moda que hace de todo en Internet, lo ves en todos los eventos, lo ves haciendo productos, lanzamientos y después, desaparece como si hubiera muerto.

Cuando desaparece, así sea el mejor, por más que te haya ayudado o haya cambiado la vida o te vendió los mejores productos, va a desaparecer de tu mente.

Quiero que hagas un ejercicio, vas a escribir las diez personas que más han influido en tu vida; aquellos entrenadores o consejeros que más han influido en tu vida.

En el ejercicio te vas a dar cuenta de que la mayoría de esas personas son personas que siguen vigentes, que están en tu mente y por eso estás pensando en ellas.

Cuando hagas esa lista, la tienes que hacer rápido, muy rápido, sin pensar mucho. En menos de cinco minutos de ser posible.

Después vas a hacer otra lista con veinte personas, esta vez con detalle y en profundidad; tienes una hora para hacerla y asegúrate de gastar la hora completa y vale repetir las diez que más han influido en tu vida.

Cuando hagas la primera lista, escóndela para que no copiar.

Ahora, con la segunda lista de las veinte personas que más han influido en tu vida, te vas a dar cuenta de que, al tomarte el tiempo para reflexionar, vas a encontrar personas nuevas y a estas personas nuevas las vas a ver más valiosas que las primeras.

Estas personas nuevas son las que realmente influyeron tu vida y sin embargo, en estos momentos no las recuerdas.

No es que seas desagradecido, no es culpa tuya, es culpa de ellos por no estar vigentes.

Al no estar vigentes por alguna razón, dejaron de estar en tu mente.

Te ayudaron más, te cambiaron la vida más que las personas que nombraste en la lista rápida, solo que ya no los tienes tan presentes como antes.

Los que tienes en la mente no son los mejores, ni los que más te ayudaron, sino aquellos que están de moda; así es como funciona esto.

Estamos en un mundo donde la atención es completamente escasa; es posible que mientras lees este libro, puedas estar escuchando música o revisando cada tanto tu Smartphone o tus redes sociales.

Tu atención puede estar repartida entre tu esposa, que está por ahí a un lado o tu hijo, que está hablándote.

Estamos en la era de la falta de atención, en la era de los Multitareas; estamos haciendo diez cosas a la vez, por lo que la atención es escasa.

Lo que necesitas es tener la atención de tu industria o mercado; quien tiene la atención es el que gana y la forma de obtener la atención y estar presente en la mente de otros, es haciéndote presente todos y cada uno de los días.

Esta es la manera de tener la atención de las personas, haciéndote presente todos y cada uno de tus días.

Si lo dejas de hacer caes en la lista número dos, la que hiciste con una hora de trabajo, de personas que eran importantes, pero no se hacen presentes todos los días.

Entonces tienes que hacerte presente todos los días, no cuando tienes un lanzamiento.

Esto es algo que muchos hacen, realizan un lanzamiento y todo el mundo habla de ellos y después se van por meses o por años.

Da igual que seas una empresa financiera, Coach o lo que sea, debes cultivar la atención de tu público. No cuando tienes nuevas noticias o un nuevo programa, sino todos los días.

CAPÍTULO IV.

SÉ DIFERENTE

Recuerda que no tienes que ser el primero en tu industria.

Tony Robbins no es el primero en la PNL.

Robert Kiyosaki no es el primero que habló de finanzas personales, todas estas personas tienen mentores.

Bob Proctor no es la primera persona que habló sobre el poder de la mente.

No tienes que ser el primero en tu industria, tampoco tienes que ser el mejor de tu mercado.

Ya mencionamos que el creador de la PNL en persona dice de Tony Robbins: *"Ese es el peor".*

Así que esto debe darte esperanza; porque no necesitas ser el mejor en tu industria.

Robert Kiyosaki no es reconocido como el mejor en la industria de las finanzas personales. Sus libros no son reconocidos como los mejores libros de finanzas personales y él mismo lo dice: "*No soy escritor de los mejores libros, soy escritor de los libros más vendidos de finanzas personales*".

¿Cuál es su estrategia?

Ser disruptivo.

Todos sus libros hablan de un consejo que es contrario al de las masas, contrario a esos libros muy bien escritos que no venden tanto como él.

Lo que tienes que ser es diferente.

Aquí estoy añadiendo un nuevo punto; debes estar presente en la mente de las personas y debes ser diferente.

Tú sabes que Donald Trump es diferente.

Robert Kiyosaki, con ese mensaje es diferente.

Tony Robbins, utilizando la PNL como un show, un espectáculo, es diferente.

Estando presente con las personas puedes tener la atención de ellas y con ello la supremacía.

Estando presente, sin ser el primero y sin ser el mejor, he logrado la supremacía y he escrito la tinta de mi industria; los negocios por Internet, en múltiples nichos.

¿Cómo es posible que una persona sea el que tenga la atención en tantos nichos? Prácticamente donde yo quiero, ahí me posiciono, en múltiples nichos.

CAPÍTULO V.

MI ESTRATEGIA

Para lograr una meta, debes tener una buena planificación y una estrategia muy definida.

A modo de inspiración, te menciono la estrategia que yo utilizo para que puedas encontrar la estrategia que más te acomode.

Te recomiendo que lo hagas una vez que estés consolidado. A lo mejor lo vas a hacer en un nicho y vas a estar tentado en hacerlo en otro, no lo hagas hasta que estés completamente consolidado.

No seas el "Mystic" (haciendo referencia a la mutante de los X-Men) que se camufla.

Hay muchos Mystics en la industria, muchos que hoy son esto y mañana son otra cosa, pero pasado mañana se dieron cuenta de que eran otra cosa.

Esto no les permite consolidarse en un mercado y ser fiables.

Crea una buena reputación, sé alguien fiable y sé imborrable en la mente de las personas, debes hacerte presente con ese algo.

Sin embargo, puedes dominar todas las industrias que quieras.

Gracias a esta estrategia, me he posicionado como el especialista número uno de Email Marketing.

"Heliosaki, ¿cuál fue la disrupción con tu Email Marketing? ¿Qué tiene de especial?".

Pues en mayo del 2013 tomé la decisión totalmente disruptiva de escribir correos electrónicos todos los días. Hasta esta fecha no hay nadie que se acerque a esta frecuencia, no hay alguien que haya tenido la disciplina.

De hecho, he visto a personas que han dejado de cumplir con esto, que anunciaron que iban a hacer esto y ya no lo hacen más y fueron mis mentores y cuando hago la lista de mis 10 mentores, desaparecen y cuando hago la lista de mis 20 mentores tomándome todo el tiempo del mundo, aparecen.

Uno de ellos es Daegan Smith, quien está desaparecido y no sé qué le pasó.

Daegan Smith fue una de las personas que me inspiró a enviar correos electrónicos todos los días, él enviaba dos correos electrónicos diarios.

Gracias a él, dije: *"No voy a hacer dos, pero voy a hacer uno, voy a tomar la decisión de hacer un correo electrónico todos los días".*

¿Qué tiene de disruptivo enviar un correo electrónico todos los días?

Que vendo todos los días.

Tú no te vas a encontrar un correo mío donde te diga: *"Feliz Navidad, pásatelo muy bien, chao".*

Jamás.

Vas a encontrar un correo que te diga: *"Feliz Navidad, pásatelo muy bien. Si quieres empezar el 25 de la mejor manera posible, cómprame este curso".*

Todos mis correos ofrecen algo a la venta y, porque tengo el valor de ofrecer algo a la venta, vendo todos y cada uno de los días.

Es muy raro que un día, en un correo inicial cuando estoy promoviendo algo nuevo, no caigan cinco, diez o quince ventas gracias a mis correos electrónicos.

Así que, en mi caso, como especialista en Email Marketing; esa fue la disrupción.

¿Qué más he hecho? ¿Cómo he escrito la tinta de mi industria con Email Marketing?

Soy la persona, no sé si en Latinoamérica o en el mundo, que tiene más Infoproductos de Email Marketing.

Tengo alrededor de 12 libros sobre Email Marketing.

Una de las estrategias es escribir el libro de tu industria.

Si escribes 12 libros sobre lo que haces y para el mercado al que te diriges, es más poderoso que escribir un solo libro que contenga todo.

Si sumo estos 12 libros, son más de 24 productos digitales sobre Email Marketing. Son 10 piezas sobre webs, Scripts, Plugins y aplicaciones móviles sobre Email Marketing.

Así que estoy escribiendo la tinta de mi industria con Email Marketing.

Si tenía que conformarme con eso, aún no lo hago ya que continúo haciéndolo todos los días.

Todos los días sigo haciéndome presente, porque es algo que no he dejado de hacer como los Mystic de los negocios por Internet.

No es algo que hice tres meses y después cambié de giro; sigo siendo el número 1.

Con esta estrategia me he posicionado como el número 1 en Email Marketing.

Gracias a esta estrategia me he posicionado como el especialista número 1 en múltiples fuentes de ingresos.

Pero qué tal si dices: *"Heliosaki, esa no te la voy a comprar, ¿cuál fue tu disrupción?"*.

La disrupción la encontré al no esperar años y años para accionar una fuente de ingreso.

¿Qué tal si lo haces en tiempo real?

¿Qué tal si te digo cómo escribir un libro y a continuación haces el libro ahí, en el evento?

¿Qué tal si te digo cómo hacer ventas de alto valor y a continuación te pongo a hacer ventas de alto valor ahí, en el evento?

¿Qué tal si en un evento te enseño ocho fuentes de ingreso, hago que acciones las ocho fuentes de ingreso y te hagas hábil con estas fuentes?

La habilidad se adquiere practicando desde el inicio.

Tú no puedes enseñar a alguien a nadar leyendo un libro, no puedes enseñar a alguien a ir en bicicleta leyendo un manual sobre cómo ir en bicicleta.

Las habilidades se obtienen con la práctica y esto es lo que utilicé como disrupción.

Esto me llevó a hacer talleres donde las personas comiencen a practicar sus habilidades.

Fundé el movimiento AMI, el movimiento más grande de resultados de todos los tiempos y en los talleres del movimiento AMI se trabaja la habilidad.

No queda nada de tarea, todo se hace allí, y eso me posicionó como especialista número 1 en múltiples fuentes de ingreso.

¿Quién era para mí el número uno en múltiples fuentes de ingreso?

Mi mentor José España.

José España fue para mí el especialista número 1 en múltiples fuentes de ingreso, pero no cumplió con lo que mencionamos, dejó de estar presente todos los días.

Él hacía vídeos diarios, él enviaba correos diarios, hacía eventos presenciales diarios.

Él era mi ídolo, mi mentor en múltiples fuentes de ingreso, fui a un evento presencial con él y me hice la promesa de que algún día yo quería ser como él.

Deja de hacerte esas promesas de intentar emular a alguien, ¿por qué no superarlo?

Eres un Originador, así que deja de pensar *"yo quiero ser como"*, y comienza a pensar *"yo voy a ser mejor que esa persona"*, *"yo voy a superar al número 1 de la industria"* y con esta estrategia lo vas a hacer.

En septiembre del 2014 fui a una charla que cambió mi vida.

La persona que la daba decía que ganaba 100.000 dólares al mes y que viajaba por el mundo. Muchas personas estaban escépticas, entre ellas yo y lanzó un Coaching de 5.000 dólares y 20 personas de las 40 personas que estábamos ahí nos levantamos como un resorte a comprar ese Coaching.

Si haces los números, 20 por 5.000 son 100.000 dólares; generó 100.000 dólares frente a mis ojos.

A partir de ahí se me acabaron los pretextos, comencé a tomar acción masiva imperfecta con las ventas de alto valor.

Si aún preguntas: *"Heliosaki, ¿cuál fue tu disrupción?"*

Pues en este caso, esta persona hablaba de embudos.

Mencionaba: *"Tienes que crear una carta de ayuda, tienes que crear un formulario de ayuda, tienes que tener una agenda donde las personas se registren, tienes que tener una llamada por Skype, confirmar la llamada por Skype, llevar a cabo la llamada por Skype, leerle el Script"*.

La disrupción fue enseñarles a las personas que no necesitaban el embudo.

La primera disrupción por mi parte fue hacerlo sin el embudo, hacer una publicación en Facebook y vender desde allí con mis amigos.

Las primeras 77 ventas que hice fueron con mi perfil de Facebook, con no más de 3.000 amigos.

Yo pensaba que mis amigos no tenían dinero, pensaba que no me iban a comprar y 77 personas me compraron.

¿Qué hice con el embudo?

Lo empaqueté, lo tiré a la basura y jamás le enseñé a las personas a perder el tiempo con sitios web o con cosas complicadas.

Comencé a decirles: *"El embudo eres tú. ¿Tienes Facebook?"*

Y cuando me respondían que Sí, les decía: *"Publica en Facebook, genera atracción de Facebook..."*

Pero y si aun así dices: *"Heliosaki, ¿qué más disrupción hiciste?"*

Comenzar a vender con dos años de anticipación por chat, comenzar a vender por Messenger.

Ahora hasta el mismo Facebook se ha dado cuenta de que es una mina de oro y promueve vender por medio de chat.

Facebook hace robot-chats y ahora todos son expertos en vender por chat, porque pueden poner un robot.

Hace dos años que yo ya vi la oportunidad de vender por chat a precios elevados.

Tengo una publicación con fecha de diciembre de 2015 que nadie me va a quitar y que convertí en una máquina de vender a través de chat.

Esa publicación ha generado más de medio millón de dólares; un post común y corriente en Facebook ha generado más de medio millón de dólares.

Esa es la disrupción; aprender y enseñar a vender a precios elevados en cualquiera que sea la plataforma.

Tal fue la disrupción de esto, que esta persona, salió del mercado, la saqué del mercado, la desplacé.

Y no es algo de lo que me enorgullezca, pero ya no pudo vender su sistema de ventas de alto valor.

Esto sucedió porque entrevistaba a las personas y al final les ofrecía su Coaching y le decían: *"No, lo voy a contratar con Helio"* o *"ya lo contraté con Helio"*.

Esta persona se dio cuenta de todos los clientes que gané y de que la disrupción del movimiento AMI la sacó del negocio y se retiró, hoy no sabes de ella, jamás le conociste y fue la persona que me enseñó.

Por eso te digo, deja de pensar en emular a alguien, ¿por qué no te planteas la posibilidad de desplazar a ese alguien? Esto fue lo que sucedió con esa persona.

En el caso de la Especialidad en Marketing de afiliados ¿cuál fue la disrupción?

Ser afiliado número 1 durante cinco lanzamientos consecutivos, sin sitio web.

Yo me quedaba pensando en cómo ser el número 1, en qué es lo que debe de tener el número 1 y junto con mis socios, Mario Corona y Lázaro Bernstein, siempre estamos pensando en métricas.

¿Cómo podemos saber que alguien es el indiscutible número 1 en algo?

Inventamos métricas o nos imaginamos métricas y trabajamos en esas métricas.

Pensamos, por ejemplo, en la métrica de personas impactadas y decimos: *"¿Cómo podemos saber si un Coach es el número 1 del mundo? ¿Cómo?"*.

Pues nos fijamos en la forma de hablar y de exponer un mensaje, más que el resto de las personas.

Un Coach que dice ser el número 1, debe de impactar a la mayor cantidad de personas, no puede ser que alguien diga:

"Yo soy el Coach número 1", pero lleva tres años que no da una conferencia; esto no tiene sentido.

Un Coach debe dar Coachings, un conferencista debe de dar conferencias.

Entonces, inicia tu trabajo de acuerdo con la métrica que nos imaginamos, iniciamos con la idea de que un conferencista debe dar muchas conferencias, donde vayan muchas personas.

Recuerda que puedes dar conferencias todos los días a dos personas en un café, en un Starbucks, ahí vas a cumplir con el número de conferencias.

En este caso, realizas conferencias diarias, pero no con el número de personas.

Esto genera reputación, por lo que las personas dicen: *"Ah, esta persona en un mes impactó a 34 personas. Wow, es el conferencista número 1 del mundo".*

Entonces, pensando en las métricas surgió de las conferencias.

Estuvimos pensando que el mejor conferencista debe de dar conferencias y debe de impactar a más personas.

Estuvimos analizando conferencistas y lo que hacen es dar un taller masivo.

Hay un conferencista que da un taller masivo entre 500 y 700 personas al mes, una certificación al mes para 20 o 25 personas y listo.

Estas son 500 a 525 personas impactadas, se vuelve loco un mes y saca de estas charlas masivas dos certificaciones. 500 a 600 personas impactadas.

¿Qué es lo que hacemos? ¿Cuál es la métrica en la que nos fijamos?

En la de quien es el número 1 y está pulverizando el mercado.

Una vez que encuentres esas métricas, trabaja en base en a ellas, hazlas en grande, no lo hagas a lo loco.

Entonces decidimos dar, no una conferencia masiva, sino múltiples conferencias masivas.

Ahora mismo estamos en Quito, Ecuador y vamos a hacer una gira con 29 conferencias en Ecuador, a cada una de estas conferencias van entre 100 y 120 personas; lo que hacen unas 3.000 personas impactadas en dos semanas.

Solo vamos a estar aquí dos semanas y de ahí nos vamos a Lima, Perú, para hacer exactamente lo mismo e impactar a otras 3.000 personas; son unas 6.000 personas en un mes.

Encuentra tu métrica y pulveriza a todos los demás en esa métrica.

Todo esto es para que encuentres tus métricas de Originador y no hagas lo mismo que los demás.

Si no lo haces, vas a terminar diciendo: *"Yo quería ser el Marketero número 1 del mundo"*. O *"todo el tiempo me estuve imaginando que soy el Marketero número 1 de habla hispana, a lo mejor no del mundo, pero estoy trabajando en ser el Marketero número 1 de habla hispana"*.

Pregúntate qué es lo que tiene que tener un Marketero para ser el número 1.

El número 1 debe de ganar más que el número 2, eso para mí es una métrica, por esta razón estudié ventas de alto valor y por eso llevé al extremo las ventas de alto valor. Se trata de ganar más que los demás.

Eso por un lado, por otro es, ¿qué más debe de tener la persona que dice ser el número 1?

Tiene que competir con los demás, mano a mano, peras contra peras, manzanas contra manzanas y ganarles a los demás.

Si esto fuera boxeo, boxeando; si es otro deporte donde se pegan con todo y no hay reglas, en ese deporte también le tiene que ganar.

Si es kárate, en kárate también le tiene que ganar.

Analiza lo siguiente: ¿Cuál es el escenario donde ocurre eso?

Yo me di cuenta de que era el Marketing de afiliados, que ahí estás compitiendo mano a mano con otros Marketeros para ser la persona que más vende.

Si no sabes lo que es el Marketing de Afiliados; consiste en vender los productos de otro a cambio de una comisión. Cuando haces eso, eres un afiliado.

Ser el afiliado que más vende era el campo que tenía que ganar, así que entré a estos concursos de afiliados.

No lo hice con la intención de emular, sino con la intención de dominar y lo logré.

Después de unos cuantos lanzamientos, era el tercero y después llegué a ser el número 1 en un lanzamiento.

Luego volví a serlo en el siguiente lanzamiento y en el siguiente también.

Como te digo, es como si alguien que sabe pelear gana en boxeo, gana en lucha libre, gana en este deporte que no hay reglas, gana en Kung-fu, gana en todos los nichos, porque lo que promoví fueron cosas totalmente distintas.

Un lanzamiento fue sobre Email Marketing, obviamente esperaba ganar, para decir que soy el especialista número 1 en Email Marketing.

¿Y qué estrategia utilicé para ganar ese lanzamiento?

Email Marketing puro.

Puedo hablar de muchos métodos, pero quise utilizar Email Marketing puro.

Otro lanzamiento en el que gané el primer lugar fue sobre un club de Marketing.

Nota como es distinto un club de Marketing, donde enseñan muchas cosas de Marketing, de un lanzamiento sobre Email Marketing.

Otro lanzamiento fue sobre múltiples fuentes de ingreso. Ahora, si yo era el especialista en múltiples fuentes de ingreso ¿qué se esperaba? Que ganara aun cuando fue otra cosa totalmente distinta.

Otro lanzamiento fue sobre un Software para hacer Webinars. Y otro lanzamiento fue sobre un entrenamiento para hacer embudos.

Nota cómo en cosas distintas tenía que ganar para demostrarme a mí mismo lo que yo quería y estar satisfecho con eso.

Así que encuentra tus métricas y pulveriza a todos.

A mí me funciona el espíritu de competencia, no sé a ti.

Si es algo que va acorde a lo que quieres, busca un enemigo.

Yo siempre tengo un enemigo y tengo un enemigo, no para estar amargado, sino un enemigo para vencerle.

Una vez que logro vencerle, pulverizarlo, lo dejo muy atrás, hasta que no alcance a ver lo atrás que lo dejé.

En el caso de posicionarme como el escritor más prolífico de todo México, puedes preguntar: *"Heliosaki, ¿cuál fue la disrupción ahí?"*.

Pues comencé a hacer un libro por semana, ideé un sistema para crear un libro por semana.

Autopubliqué mis libros en lugar de congelarme buscando una editorial que publicara mi libro.

Fui a lo más sencillo que es Amazon y autopublicando logré escribir y vender 74 libros en menos de dos años.

Es obvio que si no soy yo el que habla más de esto que los demás, voy a pasar desapercibido.

Si la persona que tiene 30 libros, que es Carlos Cuauhtémoc Sánchez en México, mi país, lo menciona y va a radio, a televisión y dice que es el autor prolífico número 1 de México, puede llegar a serlo.

Pero si yo le gano, si lo digo más fuerte, lo digo con más claridad, en más medios que él, ahí yo voy a ser el número 1.

74 libros dicen que yo lo soy, pero tengo que estar en la mente de las personas y dar claramente ese mensaje.

Todo esto sin necesidad haber sido el primero, sin necesidad de haber sido el mejor.

No creo yo ser el mejor en todo esto, ni fui el primero en todo esto. Ya te hablé de los mentores que si fueron los primeros; entonces, simplemente, me hice presente.

Pues bien, ¿cómo vas a escribir la tinta de tu industria?

Escribiendo el libro de tu mercado.

Fíjate cómo debo actualizar todo el tiempo la información; 74 libros, todos Best Seller en Amazon.

Enfócate en escribir el libro de tu industria, si fuiste a mi taller ya sabes escribir libros, ahora escribe el libro de tu industria.

Para dominar el mercado escribe el libro, si ya existen libros sobre el tema, escribe varios libros en el área que deseas destacar.

Vamos a suponer que te quieres posicionar como Coach de PNL, también supongamos que ya hay un libro de PNL en la industria y que es el mejor libro, ya que lo hizo quien creó la PNL.

¿Qué es lo que vas a hacer?

Vas a escribir varios libros sobre PNL.

Vamos a suponer que al término de un año tienes diez libros sobre PNL, no inventaste el PNL ni eres el mejor en ello, pero tienes diez libros sobre PNL que llegan a personas nuevas, jóvenes, que quieren aprender sobre PNL.

Estas personas entran a Amazon, buscan "aprender PNL en español" y aparece el libro número uno de PNL, el mejor libro de PNL del mundo y luego aparecen nueve libros tuyos.

Todo esto en los primeros diez resultados, hay nueve libros tuyos y está ese otro libro.

Para complementar esto, tus libros son Best Seller y está ese otro libro magnífico, la biblia de la PNL, pero es el número diez, después de los tuyos.

Esa persona que no conoce, que no sabe quién es el número 1, ¿quién crees que pensará que es el número 1? ¿El que escribió un libro o el que tiene nueve libros Best Seller y más posicionados en Amazon?

Obviamente tú vas a ser su opción.

En Ecuador, he estado en radio, televisión, estuve dando conferencias, tanto gratis como pagadas y tomando fotos de los eventos.

Si das las conferencias y no se lo dices a nadie, no va a pasar nada, pero si te tomas fotos como conferencista y publicas esas fotos en Facebook, en tus comunicados, en tus correos, en tus imágenes, te vas a posicionar como un conferencista.

Entonces, la persona que da conferencias es percibida como un experto. Sabrás que es una persona de autoridad, sabes que es una persona que tiene autoridad y el conocimiento.

Ya lo dije, escribe la tinta de tu mercado, la revista, libro o nota de prensa de tu área.

¿Y cómo hacerte presente?

Utilizando Internet como medio disruptivo de posicionamiento.

CONCLUSIÓN

Trabaja ahora en la estrategia online, en que escribir ese libro como Originador.

Trata de ser invitado como conferencista a la mayor cantidad de conferencias que puedas.

Busca ser el invitado especial en los periódicos, puedes escribirle a algún periódico diciendo: *"Yo quiero colaborar con ustedes, puedo hacer un artículo cada semana".*

Busca participar con Blogs, que actualmente sirven como periódico digital, busca los Blogs de tu industria y diles: *"Déjame escribir en tu Blog".*

Busca a los mejores Blogs y pídeles que te dejen participar como editor.

Participa en revistas, o puedes crear incluso tu propia revista.

Gracias a la tecnología y a Internet, puedes crear tu revista, lo único que necesitas es contratar a un diseñador gráfico.

Álvaro Mendoza lo está haciendo, él tiene su revista. Tú puedes hacer exactamente lo mismo.

Haz tu plan estratégico, y convéncete de esto: *"Voy a hacer el libro de mi industria y lo voy a hacer para tal fecha".*

Si ya hay un libro en la industria, haz tu plan completo: *"Voy a hacer cinco libros en mi industria, porque nadie tiene cinco libros, todos tienen tres. Esto lo haré para que no quede lugar a dudas de que yo soy el número uno de mi industria. Voy a hacer este tipo de conferencias, voy a participar, voy a buscar participar en estos Blogs, en estas revistas".*

Haz tu plan estratégico de dominación del mercado, tu plan mediático.

¿Qué es plan mediático?

Es la planificación que pones en práctica para aparecer en la mayor cantidad de medios posibles, con el fin de hablar sobre ti mismo.

Recuerda que no debes cometer el error de hablar sobre tu certificado y el Coach que te instruyó.

Hay demasiados Coaches de lo mismo y todos hablan de la empresa, la misma empresa a la que le deben su conocimiento.

No cometas ese error, habla de ti, él único eres tú, si lo que tienes es un Commoditty.

Encuentra tu propio mensaje.

Si eres Coach de PNL, determina las áreas que abarcas del PNL, di que tu sistema se basa en muchas cosas y que haces muchas cosas juntas, que esto es algo completamente nuevo.

Sé diferente, diferénciate de los demás.

Haz el ejercicio de las personas que más han influido en tu vida.

Primero haz una lista rápida con 10 personas, lo más rápido que puedas, no vayas a tardar más de tres minutos.

Y después tienes que gastar una hora completa y hacer una lista, sin mirar la lista anterior, de las 20 personas que más han influido en tu vida.

Te vas a dar cuenta de que las personas que tienes en mente no son las más importantes, pero son a las que más dinero les estás dando.

El dinero va donde tenemos nuestra atención, así que si estos 10 primeros tienen tu atención, tu dinero va a ir hacia ellos.

Los demás, ni te acuerdas de ellos por más que hayan cambiado tu vida, te acuerdas de los que están ahí y los que están ahí, quizás no son los mejores, quizás no son los primeros, pero están ahí.

Esa es la gran lección, quiero que lo comprendas.

Así que a trabajar, haz tu plan de medios y deja de hablar de la empresa que te certificó, habla de ti.

No hables de AMI, no hables del programa de los Originadores, habla de ti asegurándote de decir algo distinto.

No digas que eres Coach de vida, porque Coach de vida es como tirar golpes al aire. Destaca tu propio mensaje, habla de ti y repite una y otra vez tu propio mensaje.

Querido/a Originador/a, muchas gracias por cederme todo este tiempo que has empleado en leer este libro.

Ahora ya sabes lo que hay que hacer, así que...

¡A tomar acción!

Tu amigo,

Helio Laguna

SOBRE EL AUTOR

Helio Laguna

Especialista en múltiples fuentes de ingresos, tanto tradicionales (finca raíz y bolsa de valores) como de Internet (ingresos con Facebook, YouTube, Instagram, Email marketing y Whatsapp).

Fundador del Movimiento AMI, el Movimiento más grande de resultados de habla hispana, por donde han desfilado más de 7,000 alumnos de 7 países, tales como Colombia, Estados Unidos, España, México, Ecuador, Perú y Argentina.

Este movimiento, tan solo en 2017, ha impactado la vida de casi 20.000 personas (de forma presencial) en 18 ciudades de 8 países de 2 continentes.

Es el escritor con más títulos en Hispanoamérica; ha escrito hasta la fecha 85 libros, todos ellos Best Seller en Amazon.

En dicha plataforma es el escritor con más títulos en todo el mundo en la categoría de negocios en Internet y su calendario de publicación es de, al menos, un libro por semana.

Ha sido invitado por Amazon a la feria Internacional del libro en Guadalajara (FIL) en 2015 y 2016.

Es considerado el vendedor por Internet (marketero) número 1 de habla hispana; todo es gracias a que es la persona que más vende de sus propios productos o de productos de otro (Afiliado número 1 de habla hispana).

Especialista en email marketing (envío de correos a base de suscriptores). Lleva 4 años y medio enviando ininterrumpidamente correos diarios a sus suscriptores.

Tiene más de 15 libros sobre el tema y más de 12 programas de coaching, entrenamientos o softwares de email marketing.

También es el mayor vendedor a altos precios del mercado hispano, vende todos los días programas de coaching y entrenamientos de altos precios.

Coach y conferencista en 7 países (Colombia, Estados Unidos, España, México, Ecuador, Perú y Argentina), cada mes visita uno de estos países donde realiza entre 2 a 3 conferencias por mes.

Coprotagonista de los Documentales "Los Originadores" y "El Mensajero".

Tiene su propio documental titulado "SOY TU" y una biografía autorizada titulada "Un Súper Héroe Sin Poderes".

Adicionalmente a su carrera como coach, conferencista exitoso y empresario de Internet, dirige una inmobiliaria en su país, México, e invierte profesionalmente en la bolsa de valores de Nueva York.

www.ingramcontent.com/pod-product-compliance
Lightning Source LLC
Chambersburg PA
CBHW031552210526
45464CB00003B/1272